LA RÉVOLUTION ET LA RÉACTION

EN ESPAGNE

LA
RÉVOLUTION ET LA RÉACTION
EN
ESPAGNE

RÉPONSE

l'article que, sous ce titre, a publié M. de Mazade
dans la **REVUE DES DEUX MONDES**, à Paris, le **15**
Septembre **1867**.

AVERTISSEMENT

Des motifs indépendants de notre volonté ne nous ont pas permis de répondre immédiatement à l'article auquel se rapporte la présente brochure.

Malgré le temps écoulé depuis la publication de cet article, et bien que plusieurs journaux français aient commencé à apprécier d'une manière plus favorable les choses de notre pays; malgré la mort du duc de Tétuan qui doit produire de profondes dissidences,—sinon la dissolution,—au sein du parti dont il était le chef, preuve certaine de son peu de consistance et de sa faiblesse, malgré, disons-nous encore , tous les changements qni sont si favorables à notre pays et ne peuvent échapper à la perspicacité de l'étranger, notre but étant de rectifier, en partie du moins, les appréciations erronées de la presse française sur les événements actuels, nous n'hésitons pas à publier ce travail. Nous eussions volontiers réfuté en même tompe et les assertions de M. de Mazade et de la *Revue* où ce publiciste fait paraître ses travaux, et celles d'un grand nombre de journaux, répondant ainsi à la presse française , anglaise, belge, italienne et allemande; mais ce travail nous eût mené trop loin et aurait donné à cette brochure une extension excessive.

D'un autre côté, nous avons cru qu'il suffisait, pour fixer l'attention du petit nombre d'hommes influents qui se consacrent sérieusement à la politique, d'adresser nos réflexions à un ecrivain français connu par son intelligence et son talent comme par le journal qui accueille ses écrits.

La France jouit, dans le siècle actuel, du privilège à peu près exclusif de la propagande intellectuelle; sa langue est la langue des salons politiques et des chancelleries de toutes les cours; elle use et abuse de ce privilège; rarement elle présente avec exactitude l'idée qu'elle veut répandre, les faits qu'elle accueille. Le monde de l'intelligence et du vrai savoir est plein de protestations contre ce mode de propagande française.

Ce petit opuscule sera une protestation de plus ajoutée à tant d'autres, et servira à étendre ce mouvement de rectification et de juste cen-

sure qui se produit, depuis un certain nombre d'années, contre la lé-
gèreté française, dans les publications des nations civilisés et surtout
dans celles d'Allemagne et d'Angleterre.

Nous ne terminerons pas cet avertissement sans exprimer, au nom
de notre patrie, nos sentiments de gratitude envers plusieurs journaux
français pour leurs efforts à combattre les préventions d'un grand nombre de leurs collègues au sujet des affaires de l'Espagne. Les *Lettres
Espagnoles* publiés récemment par le *Mémorial diplomatique*, les articles
de la *France*, du *Constitutionnel*, de la *Patrie*, du *Pays* et même de
l'*Etoile du Nord* de Bruxelles ont droit à notre reconnaissance.

Au journal de M. de Girardin et aux autres qui, en parlant des
choses et des hommes de l'Espagne et d'autres pays, suivent l'inspiration d'une opinion préconçue, d'un parti pris bien arrêté, nous
n'avons rien à dire. Le monde européen se fatigue d'attendre que le
philosophisme de ces messieurs mette enfin un terme à la liquidation
de ses mécomptes et de ses espérances.

LA RÉVOLUTION ET LA RÉACTION EN ESPAGNE.

I.

Une fatalité pèse sur notre pays, celle de ne pouvoir espérer de la presse transpyréenne ni grâce ni justice.

Historiens et poëtes, critiques et romanciers, journalistes surtout de toutes catégories, publicistes plus ou moins accrédités, tous ou presque tous les écrivains français paraissent avoir pris l'engagement tacite et par serment de dénigrer l'Espagne, de la bafouer aux yeux de l'Europe.

Dans leurs drames, on y voit des scènes aussi véridiques que celle qui fait entendre du palais du *Buen Retiro* les chants des lavandières du Manzanarès (1), ou des faits aussi probables que celui d'une modiste de la Reine remplissant l'office d'espion pendant la guerre civile (2).

Dans leurs comédies bouffonnes et opéras comiques, on trouve à chaque ligne des personnages espagnols portant des titres ou des noms aussi notoires et traditionnels que ceux de ducs de *l'Apuntador*, *Giralda* et *Xacarilla* (3).

Dans leurs livres de voyages, on y lit des choses aussi stupéfiantes que celle qui réduit au chant des grillons les merveilles de l'Escurial (4), ou celle qui fait réunir tous les jours de dimanche, sur la place Mayor, les dames de Madrid pour y danser la *jota* et les *seguidillas* (5).

Si l'on veut connaître une nature utopique, imaginaire, fantastique, un terrain nourrissant les animaux les plus étranges, où croissent les plantes les plus inconnues; un pays enfin *sui generis*, rare, extravagant, vraiment bizarre, une topographie de tous points impossible, il suffit de jeter les yeux sur les dessins par lesquels Gustave Doré a prétendu illustrer l'immortel poëme de Cervantes.

Ceci n'est rien pourtant à côté des assertions, des jugements contenus dans les livres et journaux français sérieux, ou passant pour tels, quand ils traitent des affaires de l'Espagne.

A les en croire, nous avons encore l'Inquisition et des moines comme en 1808 ; le brigandage serait une manière de vivre, une profession admise, et il n' y aurait ni Duc ni grand personnage qui ne fût de connivence avec quelque bande ou ne la maintînt sous ses ordres ; on y représente notre société comme une réunion d' *hidalgos* pauvres et orgueilleux, dévots, mendiants, contrebandiers, alguazils et barbiers ; comme un composé d'ecclésiastiques en armes, de moines, de religieuses, de fanfarons et de tauréadors véritables fiers à bras. Dans ces livres et ces journaux, on ne respecte ni nos véritables coutumes, ni nos antiques institutions, ni nos grands hommes, ni notre histoire ;— notre histoire?.... On ne respecte pas même notre langue ni même la géograhie du pays que nous habitons.

N'avons-nous pas vu de nos jours M. Guizot soutenir que l'Espagne, la nation qui découvrit l'Amérique, défendit l'Europe contre l'Islamisme, prépara et gagna la victoire de Lépante ; que la patrie de Louis Vives, de Cisneros, de Lope de Vega, Cervantes et Calderon ; que la nation enfin qui a fait le Fuero Juzgo, et les Partidas et l' Ordonnance de Bilbao, n' a contribué en rien au mouvement moderne de la civilisation européenne? (6).

N'avons nous pas vu M. Thiers prétendre faire peser toute la responsabilité du désastre de Trafalgar (7), dû seulement, ainsi que l'a prouvé Marliani (8), et comme le savent bien l'Europe et le monde entier, à la faiblesse et à la maladresse de l'amiral français Villeneuve, faire peser, dis-je, cette responsabilité sur ces héroïques marins espagnols qui succombèrent avec Churruca et se couvrirent de gloire de l'aveu même de leurs ennemis?

N' admirons-nous pas avec quelle *fidélité* Philarête Chasle, par exemple, dans ses études sur la littérature dramatique espagnole, et Victor Hugo dans son roman *Les Misérables* citent nos ballades, nos chants populaires, les vers de nos plus insignes poëtes?

Et tout récemment encore n'avons-nous pas lu avec stupeur dans les journaux de Paris les plus populaires et les plus accrédités, dans la *Liberté* et le *Charivari*, des correspondances datées d'Espagne annonçant le soulèvement de nos principales cités durant la dernière insurrection, relatant avec les détails les plus dramatiques le siège de Tarragone par les troupes du gouvernement, et la lutte acharnée engagée contre elles par les habitants de la ville commandés, *risum teneatis!* par le maire en personne?

Voilà comment on écrit l'histoire au-delà des Pyrénées.

Ainsi se rapportent et se jugent les faits relatifs à l'Espagne.

Mais pourquoi s'étonner de ces choses? Dans une certaine occasion, un des plus féconds et des moins scrupuleux écrivains, qui a le plus contribué à diffamer notre pays, et auquel on reprochait ses scandaleux mensonges, n'a-t-il pas eu l'audace et le cynisme de répondre : Est-ce que la vérité se vend en France?

En France la vérité se vend et les hommes de science et de conscience, nombreux sans doute et de grande valeur, l'achètent; mais en France, comme partout, celui qui fait le plus de bruit acquiert la vogue; et le superficiel, l'esprit railleur, la bouffonnerie, le sans façon encyclopédiste, la bohême du journalisme, des théâtres et des ateliers de l'art, la carricature en un mot gagnent de jour en jour du terrain dans tous les sens et cela au milieu d'une fâcheuse décadence, que les hommes de génie reconnaissent et déplorent. Les défauts caractéristiques de l'intelligence française sont remontés à la surface; les grandes et généreuses aptitudes, comme les qualités de la pensée de cette puissante nation, sont obscurcies et en quelque sorte paralysées; elles existent pourtant et commencent même à donner signe de vie. Elles forment le fond véritable de l'esprit français.

C'est à elles que nous en appelons de la sentence prononcée, sur le point qui fait l'objet de cette brochure, par celle que l'on peut appeler, surtout quand il s'agit des espagnols, *la folle du logis*. Nous ne pouvons dire comme le général athénien: «Frappe, mais écoute.» Nous dirons à M. de Mazade: «Puisque vous nous avez blessés sans motif, écoutez nous.»

II.

La politesse et le respect que nous inspire le talent d'hommes, comme M. de Mazade, ne nous permettent pas de croire que ce publiciste ait voulu faire un trafic du mensonge en écrivant et en publiant son article intitulé : *la Révolution et la Réaction en Espagne.* Cependant, nous pourrions considérer son opuscule comme une censure, brillante si l'on veut dans la forme, mais dans le fond inspirée par une prévention pleine d'aigreurs ; nous pourrions le considérer comme une véritable diatribe contre notre pays, car les faits y sont dénaturés, les intentions méconnues, les caractéres faussés, et tout y est représenté sous des couleurs si sombres que l'Espagne apparaît comme une nation aveuglée, extravagante, ayant perdu la direction de ses destinées, errant sans phare, sans boussole et sans guide, dans la voie de la révolution à la réaction et *vice versa,* semblable à un navire ballotté par les flots et que des vents contraires poussent entre deux écueils également terribles.

Ecoutous, du reste, comment s'exprime M. de Mazade, dans son article mentionné plus haut, et sur les hommes et sur les choses de l'Espagne :

—Le général Prim, dit-il, n'a de chef de parti que la turbulence et l'ambition (9).

—Le maréchal Espartéro est vieux et a toujours été inactif (10).

Le maréchal Narvaez offre un mélange singulier de qualités énergiques et d'emportements violents ; malheureusement chez lui les passions dominent trop souvent l'intelligence et l'entraînent dans les aventures. Il n'admet pas de contradiction et semble toujours disposé à provoquer des conflits (11).

—Gonzalez Brabo est un esprit audacieux et violent, ambitieux de pouvoir, prêt à tout entreprendre par tempérament bien plus que par dévoûment à une idée (12).

—Le général est un absolutiste servant un gouvernement constitutionnel sans cacher ses convictions (13).

—Le parti progressiste qui prétend faire une révolution a des idées peu révolutionnaires; il n'admet pas la plus grande partie des libertés; il a mis tout son espoir dans une monarchie nouvelle', que lui-même ne connaît pas et qui ne se retrouve nulle part (14).

Le parti modéré n'existe plus; il a péri de ses propres mains, c'est-à-dire par toutes les passions et les ambitions de ses hommes; il a renié son passé et ses doctrines; il a perdu son crédit. Une moitié s'en est allée vers *l'union libérale*; une autre portion a passé á une sorte d'absolutisme équivoque et inavoué; le reste ne forme qu'un amas flottant et incohérent sans lien et sans drapeau (15).

¿Quoi de plus?—Le pays se trouve réduit à cette extrémité où tout le monde est à peu près hors la loi, où la violence seule règne sous la forme des insurrections ou sous la forme des fantaisies de pouvoir (16). Et le pire de tout cela est que cette situation est le résultat d'une véritable dissolution des éléments constitutionnels, et tout le monde, sans en excepter les pouvoirs les plus élevés de l'Etat, a contribué à amener ce résultat (17).

Que nous reste-t-il donc?

—La démocratie? Son programme n'a qu'un malheur, celui d'être impraticable en Espagne (18).

—La dynastie? mille fois elle s'est compromise et a usé ce qu'elle avait de popularité (19).

—L'armée? presque tous les généraux se sont tour à tour soulevés (20).

En conséquence, il ne nous reste rien, absolument rien; ni dynastie, ni armée, ni partis politiques, ni hommes de gouvernement, ni éléments constitutionnels, et nous sommes condamnés à périr, à être rayés, comme la Pologne, de la carte des nations, si M. de Mazade ne daigne venir à notre aide, si par un de ces éclairs de génie et d'inspiration presque divine, par une de ces sublimes inventions dont seulement sont capables les intelligences d'élite, il ne découvre dans un coin quelconque du monde un sauveur oublié ou inconnu.

Quel sera ce sauveur puissant? Existe-t-il par hasard?

Il est un parti—ainsi du moins le qualifient ses adeptes—dont M. de Mazade ne parle qu'avec une réserve en quelque sorte respectueuse; un parti contre lequel notre Aristar-

que politique n'a rien à opposer; un parti qui à ses yeux
doit être honorable, intelligent, patriote, doué de tous
les talents, de toutes les vertus civiques, puisqu'il n'a pas
été l'objet, de la part de M. de Mazade, du blâme le plus
insignifiant. Ce parti.—L'histoire en sera surprise!—C'est
l'union libérale, qu'en Espagne d'autres appellent vulgai-
rement le vicalvarisme.

Il y a en outre un homme qui, sans doute, n'est pas
exempt de défauts, mais qui est doué d'une énergique et
froide résolution de caractère, et a le mérite de savoir qu'en
Espagne un certain degré de libéralisme est nécessaire (21).

Ceci est quelque chose, comme on le voit, surtout en
un pays où le critique français, nouveau Diogène, ne
trouve pas un seul homme d'Etat digne de ce nom; mais
la concession qui nous est faite prend de plus grandes
proportions, quand on considère les services éminents qu'a
rendus à la société espagnole, selon le même écrivain,
l'homme de son choix.

A lui on dut en effet que le soulèvement de Juin 1866
qui, dans le principe, paraissait victorieux, se changeât
bientôt, avec une surprenante rapidité, en une défaite sanglante; c'est lui qui dirigea avec une vigueur foudroyante
la défense de l'ordre et des lois; il combina tout avec
autant de résolution que d'énergique sang froid. Son in-
domptable fermeté sut anéantir la plus formidable des insurrections (22).

Ou pourrait supposer qu'après un aussi brillant fait
d'armes il abusa de sa force, qu'aveuglé par le triomphe,
il tenta d'inaugurer un régime d'arbitraire et de tirannie?
En aucune manière.

Magnanime et clément, calme et réfléchi, comme de
coutume, convaincu surtout *qu'en Espagne certain degré
de libéralisme est une nécessité*, il ne nourrissait au fond,
je le sais bien, dit M. de Mazade,—et nous devons le
croire sur parole;—il ne nourrissait au fond, disons-nous,
aucune pensée d'absolutisme. Il n'avait aucune prémédita-
tion de coup d'Etat; il ne voulait pas certainement étendre
sa dictature au-delà de l'objet précis pour lequel il la récla-
mait, et s'il est vrai qu'il déploya une implacable rigueur
contre tous les malheureux sous-officiers pris les armes à la
main, il ne voulait pas assurément ériger en système ce

qui n'était à ses yeux qu'une nécessité impérieuse et momentanée pour raffermir la discipline ébranlée de l'armée (23).

Est-il possible de donner un aussi rare exemple de vertu, d'abnégation, de patriotisme et de sagesse?

Eh bien! que l'Espagne le sache, que l'Europe civilisée et l'univers entier l'apprennent, afin que les générations présentes et futures ne se fatiguent pas à la recherche de cette énigme! Cet homme invraisemblable dans notre pays, cet homme exceptionnel, singulier, unique, cet espèce de phénix, *rara avis in terris*, découvert par M. de Mazade et pour lequel, ô générosité sans exemple! il ne demande pas même un brevet d'introduction; cet homme, que nos lecteurs soient saisis d'étonnement..... c'est le maréchal O'Donnell!!!

Peut-être arrivera-t-il que personne ne le reconnaîtra au portrait que nous venons de faire et qui n'est qu'une esquisse à vol de plume, genre dans lequel excelle M. de Mazade, aussi nous permettrons-nous de compléter la ressemblance en ajoutant au tableau quelques coups de pinceau.

Nous allons le faire pour la plus grande gloire de l'original, et pour le bien de l'Espagne; mais nous en atténuerons les couleurs par la considération que nous inspire l'homme qui n'est plus de ce monde.

Le duc de Tétuan est mort.

Malheureux pays que le nôtre, s'il était vrai, comme l'a dit M. de Mazade, que seul le maréchal O'Donnell pouvait nous relever, et nous sauver de l'abaissement et du désordre dans lesquels nous sommes tombés!

III.

Le mois de Juin de l'an de grâce 1854 était près de finir.

Don Leopoldo O'Donnell était alors lieutenant Général, Sénateur du royaume; il appartenait à l'aristocratie castillane et avait été Capitaine général de l'île de Cuba.

Don Leopoldo O'Donnell était ou avait été tout cela; mais, ô injustice! Celui qui comptait entre autres pages de sa vie le soulèvement de Pampelune en 1841 , n'était pas encore arrivé au grade effectif de Capitaine général, il n'avait pas même été Ministre. Et cela lorsque Espartéro qui n'avait d'autres mérites que ceux conquis à Luchana, Ramales et Guardamino, avait rempli les hautes fonctions de Régent du Royaume; alors que Narvaez, à peine connu comme pacificateur de la Manche, avait occupé la Présidence du Conseil durant cinq ou six années consécutives!

Don Leopoldo O'Donnell pensa qu' il ne pouvait pas aspirer à des fonctions moins élevées que celles qui avaient été remplies par ces deux personnages, et un jour, de grand matin, il monta à cheval et sortit pour faire une promenade militaire, après s'être tenu caché durant deux ou trois mois.

On croira peut-être que dans cette excursion il était accompagné de nombreux amis ou auxiliaires? Nullement; ceci est bon pour D. Juan Prim qui, selon M. de Mazade, a besoin, pour faire une révolution, d'apparaître à la tête d'un brillant Etat-major et de toute une armée (24). Don Leopoldo O'Donnell, lieutenant général, etc., allait, pour ainsi dire, seul, complétement seul. Il est vrai qu' au Champ des Gardes 200 fantassins et 1800 soldats de cavalerie l'attendaient.

Une fois là, il se plaça à la tête de cette petite colonne, et sans autre suite ni Etat-major que trois généraux, Dulce, Serrano et Ros de Olano, il marcha résolûment à la recherche d'une meilleure fortune.

Ainsi commença sa carrière politique celui qui, plus tard, selon M. de Mazade, devait déployer une rigueur implacable dans le but unique de raffermir la discipline ébranlée de l'armée.

Nous ne rappellerons pas les détails de cette expédition bien connue; il nous suffira de dire qu' après une légère escarmouche avec les troupes du gouvernement aux portes de Madrid, O'Donnell laissa l'ingrate capitale et poursuivit son chemin à la recherche d'une meilleure aventure. Mais il parcourait des lieues et des lieues, il cherchait et recherchait de toutes parts, et il ne voyait rien venir: la fortune ne paraissait point. Vainement il adressa à la Reine une sorte de message, où il était grandement question de moralité et de *camarillas*, et tout cela pour en venir à l'indication de la nécessité d'un changement de Ministère.

La Reine ne prêta pas l'oreille à une indication pareille.

Vainement encore, il chercha à explorer en secret les dispositions des populations, afin de voir si celles-ci l'aideraient dans son entreprise; le peuple demeura sourd à ses insinuations.

C'est alors sans doute qu'il pensa que l'Espagne avait besoin d'un certain degré de libéralisme, lui qui durant sa vie ne s'était pas un seul instant souvenu d'une chose semblable; lui qui jusqu'alors, par caractère, par tradition, par esprit de famille, s'était montré fort peu sympathique à la liberté. Il chargea dès lors certain jeune homme d'un esprit ingénieux, que l'on a depuis qualifié ironiquement de jeune homme de progrès et d'avenir *(jóven aprovechado)* —et qui est, du reste, un homme de talent,—de la rédaction d'un manifeste libéral, très libéral: la rédaction du *fameux manifeste de Manzanarés*.

La publication de ce document changea complètement l'aspect des choses: Valladolid se prononça, un soulèvement éclata à Saragosse, la révolution s'étendit partout et O'Donnell qui, avec ses 200 fantassins et ses 1800 cavaliers *battait triomphalement en retraite* vers les frontières du Portugal, précédant dans cette direction le général Prim qui, en Janvier 1866, devait, selon M. de Mazade (25) agir de même, revint au galop des confins de l'Andalousie et fit son entrée à Madrid, quand déjà le maréchal Espartéro était maître de la situation.

Ses désirs étaient certaimement loin d'être satisfaits; mais enfin il fit de nécessité vertu, comme on a l'habitude de dire; il accepta ce qu'on voulut bien lui offrir, et attendit avec résignation.

On ne peut se soulever tous les jours et, d'un autre côté, O'Donnell était arrivé à temps pour obtenir avec le grade de capitaine général le ministère de la guerre.

Voici donc le maréchal O'Donnell métamorphosé en ardent révolutionaire. Il a hâte de se mettre à la hauteur de sa nouvelle situation: il se fait garde national, vote une Constitution progressiste et, un jour, il pousse son enthousiasme jusqu'à embrasser le maréchal Espartéro. Il est de ces embrassements qui tuent et celui-ci fut sans doute de ce nombre. Deux ans après, O'Donnell mitraillait la garde nationale, dissolvait à coups de canon les Cortès dans le sein desquelles il siégeait comme Député, et prenait d'assaut le poste de son ancien chef et collègue.

Nous ne savons si malgré cela il croyait, comme l'assure M. de Mazade, qu'en Espagne un certain degré de libéralisme est nécessaire.

Il est certain qu'à partir de ce jour, vainqueur sur toute la ligne, notre homme se vit dans une position fort embarrassée. Il était Capitaine général de l'armée, Président du Conseil des Ministres, dépositaire du pouvoir objet de toutes ses aspirations, et néanmoins il portait et reportait partout ses regards, et ne trouvait que l'isolement et le vide.

Le maréchal O'Donnell était seul: son entourage ne comptait qu'un petit nombre de conspirateurs comme lui, et si, avec de tels éléments, il est possible, dans des circonstances déterminées, de tenter un coup de main et de s'emparer du gouvernement, il n'est sûrement pas possible de l'exercer et de le conserver longtemps. Il pensa donc qu'il avait besoin de s'appuyer sur un parti. Celui-ci quel pouvait-il être? Successivement il s'était soulevé contre les deux plus puissants de l'Espagne: contre le parti modéré en 1854, contre le parti progressiste en 1856; et quant aux partis absolutiste et démocratique, l'un commençait à peine à éclore et l'autre, tombé dans la décrépitude, touchait déjà aux portes de la mort.

Que faire? Abandonner les rênes de l'Etat? Ceci non, dut penser le maréchal O'Donnell. Je créerai un parti nouveau, un parti à moi, exclusivement à moi; ce parti n'aura pas de précédents dans l'histoire; il ne ressemblera à aucun des partis existants. Il ne sera ni démocrate, ni modéré, ni absolutiste, ni progressiste; il sera purement et simplement O'Donnelliste, pour bien indiquer que toute sa signification dérivera de ma personnalité, et que rien en lui, ni idées, ni sentiments, ni intérêts collectifs, ne peuvent l'emporter sur moi.

C'est ce que se dit ou dut se dire le maréchal O'Donnell, et l'union libérale surgit de son cerveau—parfaite et achevée—comme Minerve en sortant du cerveau de Jupiter.

Mais cet évènement mérite un chapître à part.

IV.

A l' époque que nous avons déjà citée, c' est-à-dire
dans les années 1855 et 1856, il y avait en Espagne un petit nombre de personnages d'une certaine valeur, mais d'un
esprit inquiet par ambition ou par caractère, ne pouvant
s' assujettir à un ordre de choses qui ne fût pas créé par
eux, et aspirant à constituer une oligarchie qui leur permît
de se perpétuer au pouvoir et de dirigir les affaires publiques selon leurs idées et leurs intérêts.

Les dissidents de tous les partis, suivant l' exemple que
déjà, en 1845, leur avaient donné les députés qui, sous le
nom de *Puritains*, organisèrent une opposition dans le
Congrès de cette époque, furent les premiers à entourer le
maréchal O'Donnell et à lui suggérer l' idée de former une
nouvelle communion politique.

Pour en venir à ce but, il était d' abord nécessaire
d' avoir l' adhésion de quelques progressistes, de faire une
nouvelle édition—corrigée et augmentée—de la Constitution de 1845, et de proclamer l' établissement—dans toute
sa pureté—du système représentatif. Ce dernier détail surtout était considéré comme très essentiel.

Tel avait été le drapeau de l' ancienne fraccion puri-
taine, et autour de ce drapeau devaient se ranger forcément
un certain nombre de libéraux naïfs. O'Donnell accepta tout,
il pardonna aux vaincus de la veille et donna même à quelques-uns d' entre eux une part au butin de la victoire (26).
Après quoi il proclama d' une manière absolument arbitraire et dictatoriale ce qu' on a appelé *l' acte additionnel*
et rétablit en même temps la Constitution de 1845.

L' union libérale représentait ainsi une idée naissante,
mais le temps manqua pour que cette idée pût se déve-
lopper, se propager et triompher.

Le maréchal O'Donnell dont le gouvernement, comme
on le voit, n' avait pas d' appui sérieux ni de raison d'être,
s' obstinait à conserver le pouvoir; sa soif de commandement et sa confiance dans l' efficacité de sa capacité ne lui
permettaient pas de juger de sa véritable situation, et

fidèle à la maxime peu scrupuleuse *Omnia pro domina-
tione serviliter*, il compromit sa dignité jusqu' au point
de se laisser presque renvoyer du pouvoir qu' *il avait gar-
dé moins de cinq mois sans gloire et sans résultat* (27);
il dut laisser son œuvre inachevée.

En 1858 cependant il revint au ministère et se dédia
avec ardeur à mettre la dernière main à son œuvre sous
une forme plus concrète. Son collègue au département de
l' intérieur, Posada Herrera, l' aida puissamment et lui
inspira une méthode de son invention qui consistait à faire
abstraction de toute question, nous ne dirons pas de principes, chose dont il faisait peu de cas, mais même de for-
mes politiques; à ne susciter ni résoudre aucun problème de
gouvernement, et à convier tout le monde indistinctement
au festin du pouvoir.

L' acte additionnel fut en conséquence relégué à l' oubli; la réforme de la Constitution et la loi sur la presse de
1857 furent acceptées, et on ouvrit dans les ministères et
autres administrations officielles un bureau d' enrôlement.
De nombreux volontaires accoururent bien vite de toutes
parts: modérés, progressistes, démocrates, néo-catholiques, absolutistes, jeunes gens impatients, vieillards dés-
illusionnés ou sceptiques, mécontents de toutes les situa-
tions; et au milieu de cette foule hétérogène, quelques
hommes naïfs, des libéraux pleins d' illusions, séduits par
la promesse de l'établissement—dans toute sa rigueur—du
système représentatif; politiques peu malicieux, vrais mou-
tons de Panurge, disposés à se laisser tondre par tous les
chefs de parti.

L' union libérale eut dès lors des adeptes et fut défini-
tivement constituée.

Il lui manquait seulement la science de gouverner et
il faut convenir que les circonstances ne pouvaient pour
cela être plus favorables.

Les grandes communions, les anciens partis conservateur et progressiste étaient désorganisés et dissous. Affec-
tés par la contagion universelle et par la désertion qui
s' était propagée dans leurs rangs, ils étaient réduits pour
le moment à la nullité et à l' impuissance. Le pays avait
soif d' ordre et de repos: fatigué de courir après la liberté,
ses forces, affaiblies déjà par les terribles secousses de la

domination progressiste, étaient complètement épuisées;
trop jeune encore sans doute pour les grandes luttes politiques propres aux nations viriles, il tournait avec anxiété
ses regards vers la paix des champs et des ateliers, vers le
soin de ses intérêts matériels, que la nouvelle secte mate-
rialiste cherchait à présenter à ses yeux comme l' unique
fin de l' activité féconde et progressive.

L' industrie et le commerce renaissaient. D' immenses capitaux créés par la magique influence du crédit,
jusqu' alors presque inconnus parmi nous, ou venus de
l' étranger à l' ombre protectrice des lois de banque, de
chemins de fer, de sociétés anonymes votées par les Cortès
Constituantes, commençaient à alimenter le travail et à
couvrir le territoire de voies de communication, de canaux,
de ports, et enfin de travaux publics de toute espèce.

Les finances étaient dans un état de prospérité inconnu
depuis Charles III. Les budgets se soldaient sans déficit;
le mouvement de la richesse assurait la hausse de toutes
les rentes de l' Etat; et le désamortissement, suspendu en
1856 par les unionistes et rétabli plus tard par eux, pro-
mettait de faire affluer dans les caisses du trésor public
des ruisseaux d'or.

Tout se présentait donc riant et serein à l' union libérale; tout la conviait à inaugurer une politique féconde et
sage, une période de bonne administration et de gouvernement intelligent.

Que fit-elle cependant?

Son premier soin fut de déchirer la loi électorale, rec-
tifiant contre ses dispositions formelles les listes pour en
expulser ses adversaires, et les remplir de ses amis et adhé-
rents; elle convoqua ensuite des élections générales durant lesquelles, pour la première fois et avec une impudeur
sans exemple, la pression du pouvoir et de ses agents fut
proclamée comme légitime sous le nom *d' influence morale*.

On comprendra aisément ce que furent les nouvelles
Cortès élues sous de tels auspices: un néo-catholique,
un démocrate, cinq progressistes et un nombre égal de
modérés furent les seuls députés d' opposition qui parvin-
rent à être élus: tous les autres appartenaient au parti du
ministère.

Jamais on n'avait vu une aussi admirable unanimité; il est vrai que pour cela on avait employé les moyens les plus ingénieux: les gardes civils eux-mêmes, déguisés en bourgeois, avaient été obligés de voter. Le Ministre de l'intérieur, M. Posada Herrera, l'inventeur de la fameuse théorie de l'*influence morale*, devint dès ce moment célèbre, et mérita le titre de *Grand électeur*, sous lequel le salua un de nos premiers orateurs parlementaires.

Ce ne fut pourtant pas assez: il était nécessaire de régimenter cette majorité docile et compacte, afin qu'aucun de ses membres n'osât se débander, parce que le maréchal O'Donnell, qui, l'épée à la main, avait protesté contre tout le monde, ne permettait à qui que ce fût de se révolter contre lui. Un de ses satellites, un de ces tournesols si nombreux parmi nous, proclama alors la théorie du contact des coudes (*el tacto de codos*) en vertu de laquelle on voulut convertir les députés en soldats de recrue.

C'est ainsi que l'union libérale, sur laquelle M. de Mazade fonde l'espérance du pays, comprenait la restauration du système représentatif qui avait été sa devise. Sur ces entrefaites, elle fermait la bouche aux mécontents en augmentant, dans d'excessives proportions, le nombre des fonctions publiques; elle étouffait les plaintes de l'opinion, en appliquant avec une rigueur exagérée la loi sur la presse de 1857, lui donnant même une interprétation nouvelle, grâce au *criterium du sens commun* inventé également par M. Posada Herrera; elle captait la faveur des plus hautes influences, en affectant une adhésion sans borne; elle se ralliait les hommes d'affaires par des contrats de travaux publics; elle conquérait l'appui du clergé par des actes de dévotion et par des autodafés de livres; elle se réconciliait avec l'aristocratie, en l'appelant à siéger au Sénat, et en lui conférant de hautes fonctions honorifiques; elle flattait l'armée, en construisant des casernes luxueuses et monumentales; elle énervait la jeunesse de toutes les classes de la société, en permettant les maisons de jeux, en tolérant l'ouverture des cabarets et des cafés durant presque toute la nuit, la publicité de la prostitution, le dérèglement des mœurs; en un mot, elle fascinait le pays par l'appât d'une richesse factice.

L'union libérale avait une telle confiance dans l'habi-

leté de sa tactique que, au mépris de la prérogative royale,
son chef osait proclamer dans les chambres que son gouvernement durerait huit ans et plus.

Grâce à elle, en effet, elle régna trois ans sans opposition bien marquée, jouissant d' une paix octavienne et au
milieu d' une abondance sans égale; trois ans durant lesquels les dépenses de l' Etat augmentèrent dans de fabuleu-
ses proportions, les impôts furent exagérés, la vente des
biens nationaux poussée à ses limites extrêmes. D' aussi
immenses ressources ne suffisant pas à son appétit vorace,
elle créa une énorme dette flottante en faisant un emploi
téméraire des sommes accumulées dans la caisse des dépôts.

Le pays cependant commençait à ouvrir les yeux; les
partis politiques se ranimaient à la chaleur des principes
vigoureusement soutenus, à la tribune et dans la presse
alternativement, par leurs membres les plus fidèles; bon
nombre de modérés et de progressistes qui, comme nous
l' avons dit, s' étaient enrôlés de bonne foi dans les
rangs de l' union libérale, commençaient à l' abandonner
peu à peu, et retournaient à leur ancien drapeau; ses adeptes eux mêmes sentaient déjà la nécessité de changer de ton
si on voulait quelque temps encore prolonger l' illusion
parmi les populations, et un des princes de l' union libérale, M. Rios Rosas, agitait en plein Parlement la torche
de la discorde, accusant le Ministère de ne vivre que de
négations.

Le banquet unioniste touchait à sa fin et les commen-
saux se disposaient à se disperser, quand l' amphitryon
trouva un moyen d' entretenir leur appétit.

Pour la centième fois, quelques arabes du Riff avaient
renversé nos armes placées sur le territoire limitrophe du
camp de Ceuta : ce fut le prétexte d' une guerre nationale
qui venait à point pour distraire l' opinion publique et obtenir une trêve des oppositions.

On persuada au pays que son honneur outragé exigeait—ni plus ni moins—l' occupation de l' empire du
Maroc; on surexcita à un haut degré et par tous les moyens le sentiment patriotique; on tenta de raviver les an-
ciennes haines de religion et de race; on fit sonner partout et sur tous les tons la trompette guerrière, et le maréchal O'Donnell partit pour l' Afrique, à la tête de quarante

mille hommes, avec un train formidable et des ressources plus que suffisantes pour entreprendre une grande conquête..

Tout le monde connaît la funeste histoire de cette guerre, excessive dans son origine, contradictoire, ridicule, humiliante *dans ses négociations diplomatiques*, fabuleusement stupide dans sa direction militaire, complètement stérile dans chacun de ses résultats. Cinq mois de fatigues et de luttes glorieuses pour notre armée, quatre ou cinq batailles rangées, un grand nombre d'escarmouches et de combats, le sang versé sans fruit, et les trésors de l'Espagne prodigués sur une terre inhospitalière; et tout cela pourquoi? Pour réaliser de Ceuta à Tétuan une promenade militaire—dont on pouvait bien s'abstenir comme le prouva le débarquement du général Rios à l'embouchure du fleuve Martin—et revenir ensuite en Espagne, pour y recevoir peu après la visite de Califes, Pachas et marabouts, dans l'unique but de satisfaire la curiosité du vulgaire.

Mais si la guerre d'Afrique fut inutile pour la nation, elle ne le fut pas pour l'union libérale, au profit exclusif de laquelle elle avait été entreprise. Elle donna, en effet, au maréchal O' Donnell un éclair de popularité, propageant en Espagne le titre de *Grand Chrétien* dont l'avaient qualifié les maures et lui valut en outre de la munificence royale un Duché *in partibus infidelium*. Elle lui permit de se créer une espèce de cohorte personnelle par la distribution dans l'armée, avec autant de profusion que de partialité, d'emplois, de grades et de décorations en plus grand nombre que ceux octroyés durant les sept années de la dernière guerre de succession; elle donna au Ministère un brillant d'oripeau qui fascina un instant la populace et devant lequel durent s'incliner, et se taire, les oppositions. L'union libérale, il faut l'avouer, jouait de bonheur: elle avait engagé peu d'années auparavant la partie avec les progressistes et, par un coup de main réalisé en temps opportun, elle était parvenue à les ruiner; elle achevait de compromettre le pays dans une lutte nationale et, bien ou mal, elle avait mis de son côté le bruit et les apparances. Son étoile ne tarda pas à lui procurer une autre chance du sort non moins heureuse.

Imprévoyants et enorgeillis par le succès, habiles seulement pour la politique personnelle et d'expédients, les ministres, chargés du soin des affaires publiques en l'absence d'O'Donnell, croyaient que durant la guerre ils n'avaient à s'occuper que de l'envoi des hommes et des ressources, c'est-à-dire à être les fournisseurs de l'armée: tandis que les soldats remplissaient leur devoir en Afrique, ils se livraient au plus *dolce far niente.*

Un jour l'Espagne terrifiée apprit que deux Princes de la branche proscrite, l'un d'eux prétendant à la Couronne, escortés par une véritable armée ayant à sa tête le Capitaine général des Iles Baléares, D. Jaime Ortega, venaient de débarquer à San Carlos de la Rapita. Immédiatement, par un mouvement spontané, le parti libéral en masse, sans distinction de modérés et de progressistes, se groupa autour de la Reine, et se mit en devoir de défendre les institutions représentatives; les populations repoussèrent les rebelles, l'armée même qui les suivait, en apparence sans le savoir, s'empressa de les abandonner, et cette conspiration qui se présentait imposante et pleine de menaces, s'évanouit d'elle-même comme un nuage d'été.

Qui fit pour cela le Ministère? Rien ou à peu près.

Nous nous trompons: le maréchal O'Donnell revint précipitamment d'Afrique et, au débotté, encore couvert de la poussière du chemin, brûlé par le soleil africain, il se présenta au Palais pour signer d'une main la sentence de mort d'Ortega et de l'autre l'amnistie la plus complète que l'on n'ait jamais octroyée. Le général Dulce se chargea de faire exécuter D. Jaime Ortega comme coupable du crime de haute trahison!.....

Le maréchal O'Donnell voulut-il donner dans cette circonstance une preuve d'énergie ou plutôt de faiblesse? Fut-il inspiré par le désir de se rendre agréable au parti carliste? Ou bien par la crainte de découvrir les coupables là où on y pensait le moins, c'est-à-dire parmi ses amis? Nous ne pourrions l'affirmer; la vérité est que tous les incidents de cet événement sont restés dans l'ombre par suite de la précipitation avec laquelle le maréchal O'Donnell y mit un terme. Ce mystère suspect et cette obscurité impénétrable ont donné lieu aux plus étranges suppositions. Le peuple murmura, les oppositions tonnèrent, tout le monde, moins les journaux ultrà-réactionnaires, dés-

approuva une semblable conduite, qui donnait à la clémence
ministérielle les apparences de la complicité ou de la peur,
et à l'inflexible sévérité avec laquelle fut traité Ortéga un
prétexte plus que plausible pour se livrer à de cruelles com-
paraisons. L'union libérale marcha en avant sans s'inquié-
ter, selon sa contume, des plaintes de l'opinion publique.

Délivrée de tout embarras, maîtresse de la situation,
enivrée par les vapeurs du triomphe, elle se livra sans réserve à ses naturelles inclinations d'orgueil et de sybaritis-
me. Il n'y eut plus dès lors d'obstacle qu'elle ne brisât ni
de respect qu'elle ne foulât aux pieds. Elle opprima de
plus en plus la presse, maltraita les partis avec une nouvelle fureur, insulta la représentation nationale elle-même
dans la minorité progressiste, qualifiant ses membres de
héros de barricades, expulsant presque ceux-ci de la Cham-
bre, qui eût été abandonnée sans la prudence et l'énergie
d'un des chefs de la minorité.

A toutes les accusations, à toutes les censures qui lui
étaient adressés, le Ministère opposait l'éternel sourire du
maréchal O'Donnell, et si parfois il daignait répondre,
c'était par de sarcastiques discours au moyen desquels
M. Posada Herrera, déjà connu comme le Méphistophélès
de la situation, laissait entrevoir le plus souverain mépris
pour les hommes et les principes.

L'union libérale était réellement arrivée au paroxisme
du vertige; elle avait conquis la confiance de la cour; elle
avait donné dans l'armée pleine satisfaction à l'ambition
des siens; véritables sangsues budgétaires, ses amis remplissaient tous les postes de l'administration; elle touchait
tous les produits du désamortissement et puisait en outre à
volonté dans la caisse des dépôts. Qui pouvait lui résister?
Que ne pouvait-elle entreprendre? A quoi ne pouvait-elle
pas se hasarder par suite des conditions de sa formation et
de l'histoire de son existence?

L'audace, en effet, ne lui fit point défaut.

Parodiant la politique d'une grande dictature, elle
voulut se lancer dans le rôle de la diplomatie; elle arma
une escadre formidable et s'en fut à travers les mers de
l'Amérique à la recherche d'aventures. C'est alors qu'appa-
rurent sur la scène les expéditions à la Don Quichotte du
Mexique et de Saint-Domingue, qui devaient nous coûter

si cher et nous poser si tristement en Europe. Ce fut alors que s'envenimèrent les haines des républiques de l'Amérique du sud, qui devaient nous susciter une guerre maritime insoutenable et sans fin.

Sur ces entrefaites, le régime intérieur de l' Etat se trouvait dans le plus complet abandon; l'immoralité administrative faisait de tels progrès que chaque jour était signalé par la fuite de quelque employé emportant les deniers publics. Et cette *famille heureuse*, comme l'appelait si graphiquement Galiano, continuait à vivre dans une telle imprévoyance, que la nouvelle du soulèvement socialiste de Loja vint la surprendre absolument comme l'avait surprise la conjuration de la Rapita. Heureusement pour le pays ce soulèvement éclata, ainsi qu'on l'a su depuis, avant l'heure et, ne pouvant être secondé, il fut étouffé de lui-même sans que le gouvernement fît de grands efforts pour le comprimer.

Tant de folies, d'erreurs et d'abandon, tant de scandales et de gaspillages mirent enfin à bout la patience du pays pressuré jusqu'à l'épuisement de sa bourse. Le déficit du budget augmenta dans des proportions démesurées; on dépensa à l'avance, contrairement aux dispositions formelles de la loi, la plus grande partie des produits du désamortissement. La dette flottante s'éleva à la somme énorme de deux milliards de réaux, et les populations recouvrant leur action rigoureuse devant les faits que l' opposition se chargea de faire connaître, bien qu' ils ne pussent plus longtemps rester occultes, l'union libérale se vit enveloppée de ruine et de discrédit.

Elle tenta alors de suivre une autre voie, en remettant de nouveau sur le tapis quelques lois organiques, que déjà elle avait présentées au Parlement dans les premières années de sa domination, et qui avaient dû être reléguées à l'oubli pour éviter tout embarras. Elle songea à inaugurer une ère de gouvernement véritable..... Il était trop tard. Dès l'instant où le Ministère voulut susciter cette inopportune question de principes, chacun tira de son côté. Commissions, Ministres, majorité parlementaire, nul ne voyait les choses de la même manière, nul n'était d' accord avec les autres, et nul peut-être ne l'était avec lui-même.

I devait en être ainsi: l'union libérale n'avait jamais

rendu de culte aux principes; c'était une coalition d'hommes n'ayant d'autre but que l'intérêt, et ce lien une fois rompu ou relâché, l'appât offert par le Ministère n'existant plus par suite de la pénurie du Trésor, les rangs devaient se rompre et la cohésion se dissiper comme la fumée. Elle se défit en effet sans que nul ne pût l'éviter; elle se divisa en une foule de fractions microscopiques qui se firent une guerre acharnée, et le Ministère O'Donnell, impuissant déjà pour commander avec de tels éléments, dut résigner le pouvoir non sans pousser, dans un fameux paragraphe que, sous le titre de « dernière heure » publia le journal *La Correspondencia*, un cri de rage qui parvint jusqu' aux pieds du Trône, donnant ainsi une preuve concluante de son amour à la dynastie.

Ainsi mourut le second cabinet de l'union libérale dont un des coryphées fit avec beaucoup d'éloquence l'oraison funèbre en s'écriant dans le Congrès:

Dignes funérailles d'un aussi digne Ministère!

V.

Les résultats de cet évènement sont connus de tous.

L'union libérale avait activé de telle manière la désorganisation des partis qu'en huit jours il ne fut pas possible de former un Ministère. A la fin pourtant, après que les hommes les plus importants de la communion modérée et même du parti progressiste eurent été longuement consultés, le Cabinet Miraflorès–Vahamonde se chargea du pouvoir; ce Cabinet incolore, faible, sans système ni bases solides, voulut avoir des idées propres, *former Eglise*, ainsi qu'on le disait alors, bien qu'il sût que l'antérieur Ministère n'avait pu le faire avec plus de temps et de loisir: il lança à propos des élections une circulaire, pour le moins imprudente, qui vint combler le calice d'amertume dont le parti progressiste avait été abreuvé durant cinq années par le maréchal O'Donnell.

L'abstention de ce parti fut dès lors résolue, et il en résulta son attitude présente et ses criminelles tentatives des dernières années.

La situation actuelle, et la juste expiation dont il est la victime, nous empêchent de nous étendre sur ce sujet.

Plusieurs Ministères se succédèrent rapidement, mais la direction des affaires publiques ne faisait aucun progrès. De tous ces Ministères un seul mérite d'être cité: le Cabinet Mon-Cánovas qui, sous le souffle contagieux de l'union libérale, envoya les journaux devant les conseils de guerre. Il put à peine racheter cette faute par l'abolition de la réforme constitutionnelle de 1857, reconnue d'ailleurs par tous comme inutile et défendue seulement par son auteur, nous ne savons si par conviction ou par amour propre.

Enfin, le maréchal Narvaez fut appelé dans les conseils de la Couronne.

Nous ne ferons pas ici la biographie de cet homme d'Etat, bien connu en Espagne et à l'étranger. Il nous suffira de dire qu'il était il y a vingt ans, qu'il est aujourd'hui et qu'il sera toute sa vie le chef du parti modéré; qu'en cette qualité il a été appelé à intervenir, d'une manière efficace et honorable, dans tous les grands actes de cette communion politique durant la période la plus brillante et la plus féconde de son histoire, c'est-à-dire depuis 1843 jusqu'à 1850.

Il est certain que quand un homme politique s'est maintenu pendant si longtemps à la tête d'un parti, et d'un parti grand, puissant, riche en talents et en caractères, il est indubitable que cet homme doit être doué de qualités extraordinaires.

Le maréchal Narvaez possède en effet ces qualités et nul, ni ses amis ni ses adversaires, ne les lui conteste. Le maréchal Narvaez n'a devant lui qu'un seul personnage, plus populaire sans doute, mais moins capable comme homme d'Etat, qui puisse lui disputer l'influence politique, c'est le maréchal Espartéro.

Ceux qui l'accusent d'être réactionnaire le jugent ainsi au point de vue du parti progressiste qui, à son tour, pourrait être qualifié de révolutionnaire par système. Ils oublient les circonstances spéciales durant lesquelles il a été appelé au gouvernement du pays; ils oublient que les partis hostiles étaient à l'état de conspiration permanente, et qu'il était nécessaire pour la défense de l'ordre et des lois de mettre en vigueur la politique de résistance.

Malgré cela, nul n'a le droit de croire que le maréchal Narvaez soit l'ennemi de la liberté. Tous les antécédents de sa jeunesse, tous les actes de sa vie politique démentent cette opinion.

Jeune encore, il prenait part à côté de la milice nationale, à la journée du 7 Juillet, et accompagnait en qualité d'aide de camp le général Mina dans ses expéditions contre les factions de là Catalogne; lors de l'abolition du système constitutionnel en 1823, il brisait son épée et se retirait à Loja, provoquant plus d'une fois les colères de l'absolutisme. Quand éclata la guerre civile, il partit pour le camp constitutionnel et scella de son sang, au milieu des montagnes escarpées d'Arlaban, son adhésion aux institutions représentatives. Enfin, ayant conquis par sa brillante conduite sur les champs de bataille le grade de général, il prêta de grands services à la cause de la liberté, en détruisant à Majaceite la faction de Gomez, improvisa une magnifique armée de réserve, et fit disparaître en peu de jours une foule de chefs carlistes et de bandits qui désolaient la Manche.

Voilà ce qu'il fit comme militaire.

Comme Ministre, il n'a cessé de gouverner avec le concours des Cortès; il a toujours maintenu intactes les bases de la Constitution, alors même qu'il a cru que celle-ci avait besoin d'être réformée; il sut toujours contenir dans les limites constitutionnelles la répression du désordre, quelque énergique et rigoureuse qu'elle ait été.

On dit, et Mr. de Mazade le répète, comme l'ont répété plusieurs vulgarités indignes d'être mentionnées ici, que c'est un homme violent et irréfléchi; mais cette véhémence de caractère ne l'empêche pas d'avoir une intelligence claire qui perce dans toute sa vie politique, et un coeur généreux auquel il n'a jamais été fait appel en vain.

Le maréchal Espartéro était son rival et son ennemi, et, cependant, quand en 1846 s'ouvrirent pour lui les portes de la patrie, le maréchal Narvaez *alors au pouvoir* s'empressa d'aller le visiter avec tout le respect et la courtoisie dûs au mérite et à l'infortune. Sûrement si, alors ou à une autre époque, les exigences de la politique l'eussent lié avec ce personnage, au point de lui exprimer son amitié en l'embrassant, ce n'eût pas été pour le frapper plus tard par derrière, comme le fit sans scrupule le maréchal O'Donnell.

La passion ne saurait jamais aveugler comme on le suppose l'homme qui, à la suite de la grande et terrible commotion révolutionnaire de 1848, à laquelle seul en Europe il sut résister, conseilla au Trône une des plus larges et des plus amples amnisties qui soient émanées de la munificence royale.

Mais poursuivons le fil de notre récit.

Appelé de nouveau au pouvoir, le maréchal Narvaez forma un Ministère composé de toutes les éminences du parti conservateur déjà complètement réorganisé.

Ce Ministère commença sa carrière sous d'heureux auspices; il brisa les liens qui opprimaient la presse périodique; autorisa l'exercice du droit de réunion, réglementé déjà par une loi votée par les Cortès antérieures, et s'il n'abdiqua pas sa dignité et ses principes devant l'attitude menaçante du parti progressiste, il fit en revanche à celui-ci des concessions personnelles assez significatives, en le laissant s'introduire dans les députations et les conseils municipaux, en conférant à plusieurs de ses membres des charges rétribuées dans l'administration locale et provinciale. Il sut conquérir sa bienveillance jusqu'au point d'obtenir son concours dans les élections partielles, et faire ainsi échouer les candidatures unionistes.

Son but était, sans aucun doute, de calmer peu à peu et par des actes de déférence, non par l'astuce et des complaisances indignes, l'état d'irritation dans lequel se trouvait ce parti et de lui faciliter le retour à la voie de la légalité, lui ménageant ainsi les moyens pacifiques de recouvrer son aptitude et, au besoin, remplacer dans la suite au pouvoir le parti modéré.

Pendant tout ce temps il ne négligeait aucun de ses devoirs vis à vis de l'Etat; il eut le courage et le patriotisme de résoudre la question de Saint-Domingue, legs funeste de l'administration O'Donnelliste, en retirant avec gloire et dignité notre drapeau, renonçant ainsi à une colonie très coûteuse et à une ocupation pleine d'embarras. Il se préparait à soutenir dignement la guerre devenue une question d'honneur national, guerre également provoquée par l'union libérale, contre les républiques du Chili et du Pérou; il introduisait plusieurs réformes utiles dans l'administration et s'appliquait à améliorer la situation déplorable de nos finances.

Mais l'union libérale qui *ne pouvait vivre qu'au pouvoir ou au champ des Gardes*, se montrait impatiente de se voir éloignée des régions officielles. Elle s'entendit avec le général Prim et peut-être même l'engagea secrètement à tenter un coup de main; elle l'aida par quelques éléments militaires, et provoqua à Valence une menace de rébellion dans le double but de créer des embarras à l'action du gouvernement et de persuader aux hautes régions que seule elle disposait de l'armée et que, nouvel Eole de la politique, seule elle pouvait susciter ou contenir à son gré les tempêtes de la force publique.

Cette tentative fut aisément réprimée, mais le coup avait porté, et le maréchal O'Donnell fut de nouveau investi de la présidence du Ministère.

VI.

Troisième époque de l'union libérale et troisième série de calamités pour l'Espagne.

Le gouvernement annonce aux Cortès qu'il résoudra franchement toutes les questions en harmonie avec l'esprit libéral; il rédige à la hâte et fait voter une loi électorale, une autre d'administration locale avec des tendances *decentralisatrices*; il reconnaît le royaume d'Italie, invite le parti progressiste à abandonner l'abstention.....

Vaine stratégie!

Ces moyens sont usés et n'inspirent aucune confiance; nul ne croit plus aux flatteries ni aux promesses du maréchal O'Donnell.

Le retour de l'union libérale au pouvoir considéré comme une insulte à la moralité politique foulée aux pieds durant ses administrations antérieures; sa présence dans les conseils de la Couronne excita l'indignation de tous les partis.

Le parti progressiste surtout, vaincu deux fois par O'Donnell, la première en 1856, comme tout le monde sait, la seconde en 1865 à Valence; ce parti que l'on avait chassé du gouvernement et du Parlement à coups de canon, dont la Constitution et les lois avaient été déchirées par le glaive de l'union libérale; ce parti que le duc de Tétuan avait dissous et désorganisé, lui enlevant ses adeptes par l'astuce et la séduction, comment pouvait-il pardonner et oublier d'aussi nombreuses offenses? «Non, disaient les progressistes; ni pardon, ni oubli, ni trêve; guerre à mort à l'union libérale; entre elle et nous il y a un abîme d'iniquité et de sang!»

Et restant sourds à la voix de la prudence qui leur conseillait de ne point s'abandonner par intérêt propre à de telles violences, au lieu d'attendre avec calme le jour de la réparation—peut-être non éloigné alors—non seulement ils persistèrent dans leur système d'abstention, mais encore, aveuglés par le désespoir, ils se lancèrent avec résolution dans le sentier fatal de la rébellion, qu'ils n'ont pas encore abandonné, malgré les déceptions les plus cruelles.

Nous n'approuvons certainement pas une pareille conduite; mais bien que l'occasion, comme nous l'avons déjà dit ne soit pas convenable pour la juger, parce que nous ne voulons pas ajouter aux peines de l'infortune, sur qui pèse la responsabilité de cette attitude?

Est-que ce ne fut pas l'union libérale qui, s'immisçant entre modérés et progressistes, comme le coin à l'aide du maillet, rendit pour la première fois impossible le mouvement régulier des partis dans le gouvernement de l'Etat?

Est-ce que ce n'était pas l'union libérale qui avait jeté le poison dans l'âme turbulente par nature, mais généreuse du progressisme? N'était-ce pas elle qui avait inauguré de nouveau en Espagne le procédé funeste, mais déjà discrédité des insurrections? (28). Qui obligea les progressistes à sortir de leur repos en 1854? Qui alimenta leurs espérances pendant les deux années suivantes? Qui leur prodigua des promesses qui ne devaient pas s'accomplir?

Ce procédé des insurrections, soit dit en passant, M. de

Mazade suppose qu'il est spécial et exclusif de notre pays; il répête les paroles d'un plaisant qui disait qu'en «matière d'insurrections » nous pourrions envoyer à l'Exposition universelle des modèles en quantité suffisante pour charger le plus gigantesque vaisseau (29); mais M. de Mazade oublie que tous ces modèles sont sortis des fabriques de France et d'Angleterre, d'où pour notre malheur nous les avons importés, et où ils ont été portés à un tel degré de perfection qu'ils servent à renverser les dynasties, avec la même facilité que nous renversons ici des ministères, et où, malgré leurs fatales conséquences, l'habitude de les employer n'a pas été perdue.

L'union libérale continuait à recueillir les fruits de son existence immorale et licencieuse: elle avait semé des germes de dissolution, elle ne pouvait recueillir que la discorde et des rébellions.

Elle n'était pas depuis six mois au pouvoir, donnant en apparence des preuves de repentir et de bonne conduite, que le général Prim se soulevait á Aranjuez, à la tête de deux régiments de cavalerie, et menaçait d'assiéger la capitale elle-même, dont la garnison comptait, ainsi qu'on l'a dit, bon nombre de complices disposés à suivre le mouvement. Ce soulèvement, comme tant d'autres, se perdit dans le vide, mais il promena impunément, durant vingt jours consécutifs, son drapeau par toute l'Espagne, sans que, pendant ce temps, les forces du gouvernement pussent ou osassent le combattre; il suffit pour prouver que l'insurgé de Pampelune et du Champ des gardes n'était pas l'homme à propos pour maintenir la discipline militaire, au relâchement de laquelle il avait si puissamment contribué.

A cette triste réalité qui ne dut pas échapper aux regards du maréchal O'Donnell, et qui mettait un terme aux derniers restes de son prestige, vinrent s'ajouter la discorde qui, de nouveau, se mit dans les rangs de ses partisans; la méfiance de la cour, les attaques réitérées de la presse et de la tribune, et surtout la terrible situation des finances qui, dilapidées déjà pendant la seconde administration unioniste, en étaient arrivées, à la suite des croissantes nécessités de la fraction dominante, au dernier degré de consomption.

réchal O'Donnell, et quoique celui-ci déclinât leurs offres, désireux de réserver pour ses amis et partisans toute la gloire de la journée, il ne put les priver du mérite qu' ils acquirent en accourant au lieu du péril et versant leur sang, ainsi qu' il arriva au comte de la Cañada.

Nous ne saurions méconnaître pour cela les services rendus par les généraux vicalvaristes: tous et spécialement Serrano, Concha et Hoyos se battirent vaillamment. O'Donnell seul se borna, comme le dit M. de Mazade, à tout combiner avec intelligence et un énergique sans froid. Mais ce sang froid, tant vanté par l' écrivain français, ne l' empêcha pas de déployer après une *rigueur implacable*. En effet, dès que l' insurrection fut vaincue, le maréchal O'Donnell se livra aux plus horribles vengeances.

Aveuglé par la colère, sourd à la voix de l' humanité, n' écoutant que sa propre convenance, il ordonna l' exécution immédiate de tous les instigateurs de l'émeute, de tous les soldats et sergents pris les armes à la main; en peu de jours il priva de la vie soixante malheureux et plus, inondant de sang et de larmes la capitale de la monarchie, arrachant un cri d' indignation à l' Espagne entière, à l'Europe, et même à ses propres partisans.

Ce fut là une immense hécatombe de victimes sacrifiées à l'orgueil d' un homme qui, s'étant révolté contre tous, ne donnait à personne le droit de se révolter. Il avait la présomption de croire que l' armée était sa propriété personnelle, et l' armée lui échappait des mains, et avec elle le pouvoir.

Vit-on jamais offense plus grave?

Et si, comme M. de Mazade l' assure, ce barbare exploit fut commis de sang froid; quelle idée devons-nous avoir d' un homme qui reste serein, impassible, froid comme le marbre, en présence des cris de pitié? Dont le calme ne s'altère pas, dont le sommeil n' est pas troublé, dont le cœur ne s' émeut point aux cris de douleur et aux gémissements de l' agonie?

Mais nous l' oublions: tout cela n' était aux yeux d' O'Donnell, selon son panégyriste (30), qu' une nécessité impérieuse pour rétablir la subordination ébranlée de l' armée!

Singulière discipline à laquelle tout le monde devait

se soumettre, à laquelle il n'avait pas voulu se soumettre lui-même, et dont le châtiment terrible était appliqué précisément par l'homme qui plus que tous l'avait mérité.

O'Donnell crut après cela qu'il pouvait rester au pouvoir, et il fit voter à pas de charge par le Sénat et le Congrés, le projet de dictature; mais inondé de sang, repoussé avec horreur par le pays et par le trône lui-même, il se vit dans la nécessité d'abandonner le ministère et même, par dépit, il abandonna aussi le territoire espagnol

En apprenant cette heureuse nouvelle, l'Espagne respira comme on respire à la suite d'un effroyable cauchemar.

VII.

Quelle était alors la situation du pays et de l'Etat?

La plus triste, la plus déplorable que l'on puisse imaginer.

Les finances perdues, le trésor vide, le crédit compromis, l'administration corrompue, l'armée démoralisée, les éléments révolutionnaires vaincus, mais non encore dominés.

Un abattement profond, une grave crise économique pesaient sur le commerce et l'industrie; l'agriculture était anéantie; les capitaux, déjà timides, fuyaient devant la perspective de nouveaux et probables désordres. Ateliers, fabriques, travaux publics, tout était paralysé: le travail manquant, la misère, avec son funèbre cortège, frappait aux portes des classes populaires surexitées, plaintives et remuantes.

Tel était l'héritage laissé par l'union libérale à ses successeurs. Le maréchal Narvaez eut la valeur de l'accepter: de tous les hommes d'Etat seul il pouvait le faire.

Il ne désirait portant pas le pouvoir: ni publiquement, ni en secret, il ne travaillait pour l'obtenir, malgré ce qu'affirme M. de Mazade, sans preuve justificative de son assertion arbitraire; sa pensée en était tellement éloignée que le jour même où il fut appelé au palais, il venait d'achever tous ses préparatifs pour se rendre dans ses domaines de Loja.

Les hommes d'état se doivent avant tout à leur patrie, et le maréchal Narvaez ne put rester sourd à l'appel de la couronne.

Il accepta le pouvoir, et forma son Cabinet de personnes capables de tenir, dans ces moments difficiles, les rênes du gouvernement. M. de Mazade suppose que ce Cabinet était indiqué longtemps à l'avance (31): si par ces paroles il veut dire que c'est le Cabinet qui répondait le mieux aux besoins de la situation, nous croyons qu'il a raison.

Cet écrivain ajoute «que son origine était entourée d'un certain mystère politique, qu'il n'avait rien de parlementaire, rien d'impérieux surtout dans une occasion où le pouvoir s'exerçait d'une manière aussi vigoureuse» (32). D'abord, dans quelle Constitution est-il écrit que tous les Cabinets doivent sortir du Parlement? La couronne n'a-t-elle pas la libre élection de ses conseillers? Le Cabinet de l'union libérale, qui venait de disparaître de la scène, avait-il eu une origine plus parlementaire?

D'un autre côté, si aux yeux de M. de Mazade, qui, à ce qu'il paraît, se trouvait très bien de la politique de l'union libérale, rien n'exigeait une prompte modification du Cabinet; pour le pays et pour l'Etat, cette modification était devenue une question de vie ou de mort.

L'union libérale ne pouvait donc conserver plus longtemps le pouvoir, et tout autre parti—quelqu'il fût—appelé à délivrer le pays de sa domination, devait être regardé comme une espèce de Providence.

M. de Mazade lui-même l'avoue (33):

«Les conditions, dit-il, dans lesquelles se formait le ministère Narvaez n'étaient en aucune manière défavorables sous le point de vue politique. Un pouvoir nouveau avait l'avantage de n'avoir rien fait, et pouvait être presque populaire dans les premiers moments. Le nom du maréchal Narvaez n'inspirait pas de rancune, pas même dans les quartiers populaires où la lutte avait été sanglante.»

En faut-il davantage pour expliquer la formation de ce Cabinet et éclaircir le mystère politique attribué par M. de Mazade à son origine?

Le ministère O'Donnell tomba, parce que ses pieds

glissèrent dans une mare de sang et se refusèrent á le soutenir; le Cabinet Narvaez se forma, parce que, nous l'avons dit, c'était le seul qui pût se charger du pouvoir, en de pareilles circonstances.

Si dans cette combinaison, ne figurèrent pas quelques-uns des hommes qui avaient déjà pris part avec Narvaez aux affaires du gouvernement en 1857 et en 1865, qu' y a-t-il de surprenant à cela? M. de Mazade que trouve-t-il donc là de si digne de blâme? Tous les conseillers de la couronne n'étaient-ils pas des hommes importants du parti modéré? Ne représentaient-ils pas, chacun dans sa sphère, la même politique?

Mais M. de Mazade assure que Gonzalez Bravo et Pezuela personnifiaient la nouvelle situation. Pourquoi? Sans doute l'un et l'autre de ces personnages ont eu et ont leur part légitime de représentation et d'influence; mais ceci n'exclut et ne peut exclure la haute signification politique du maréchal Narvaez qui, chef du parti modéré presque depuis son organisation en Espagne, président du Conseil des ministres avec différents hommes et à diverses époques, a toujours mis en pratique le même système; ce qui est une preuve irréfutable qu'il a une pensée propre, et n'a nul besoin de recevoir ni ne reçoit ses inspirations de personne, bien que lui-même ne cherche pas à imposer les siennes à ses collègues.

Du reste, il n'est pas certain, comme M. de Mazade l'affirme, qu' O'Donnell obtint des Cortés, exclusivement pour sa personne, l'espèce de dictature que Narvaez a exercée après lui (34).

M. de Mazade doit savoir que dans le système constitutionnel, les facultés pour gouverner d'une manière déterminée ne sont pas octroyées à un homme, quelle que soit son importance, pas même à un ministère; mais seulement au pouvoir législatif qui réside dans le chef de l'Etat et ne perd jamais son caractère permanent, ne s'altère ni ne se modifie, qu'il soit exercé par tel ou tel ministère qu'on voudra.

En outre, de nouvelles Cortés ont succédé à celles qui otèrent la dictature dont il s'agit; elles l'ont sanctionnée, en conférant au ministère de nouveaux pouvoirs. Le maréchal Narvaez l'exerce donc non seulement par droit mais encore, s'il permis de s'exprimer de la sorte, par titre propre et spécial, et, sous ce rapport, il ne doit rien ni à l'union libérale ni à son chef.

Que dirons-nous maintenant de la surprise de M. de Mazade (35) en voyant que l'actuel Cabinet prononça la dissolution des Cortès unionistes, après s'être présenté devant elles en leur disant pour tout programme que les hommes dont il se composait étaient bien connus?

Le duc de Valence pouvait-il gouverner avec de semblables Cortès? M. de Mazade lui-même n'avoue-t-il pas (36) qu'en effet nul n'ignorait l'histoire et les idées des nouveaux ministres?

Il ne reste donc plus qu'à examiner si les actes du Cabinet ont été en harmonie avec ses principes.

M. de Mazade a raison (37): le Cabinet Narvaez, né pour la résistance a vécu jusqu'ici pour elle, et c'est là sans doute sa meilleure défense et son plus beau laurier.

Loi sur la presse, loi de sûreté générale ou d'ordre public, emprisonnements, exils, visites domiciliaires; tous ces faits qui scandalisent tant notre critique, sont des actes de résistance et rien de plus; des mesures purement exceptionnelles, autorisées ou approuvées par les Cortès, accomplies dans les limites de la législation en vigueur; mesures que justifie ou excuse la nécessité, et que le succès consacre. il n'y a donc pas de raison pour les qualifier, comme le fait M. de Mazade, (38) de procédés absolutistes. (39)

Toutes ont été prises vis-à-vis de personnes suspectes ou coupables ; elles n'ont frappé de propos délibéré aucun innocent; et au milieu de cette répression vigoureuse, de la suspension des garanties constitutionelles, de la déclaration de l'état d'alarme et même de l'état de guerre, les citoyens pacifiques de tous les partis, et de toutes les opinions, ont pu aller et venir librement, sans être en aucune manière l'objet de la moindre tracasserie. Cette conduite est bien différente de la rigueur implacable que, avec l'approbation de M. de Mazade, a déployée le maréchal O'Donnell seulement pour rétablir la discipline ébranlée de l'armée.

Pourquoi deux poids et deux mesures dans la manière d'apprécier et de juger les hommes et les choses?

Le même écrivain s'étonne de ce que les dernières élections se sont accomplies pendant que l'état de guerre pesait sur le pays. Sans doute il eût été préférable que dans cette circonstance les citeyens eussent joui de tous leurs droits; mais s'il n'en fut pas ainsi, peut-on en faire un reproche au gouvernement? La suspension de ces droits n'a-t-elle pas été rendue nécessaire par la conspiration—qui depuis a éclaté avec tant de violence—du général Prim et de ses partisans? Les électeurs auraient-ils émis leurs votes avec plus d'indépendance et de liberté, s'ils avaient été abandonnés à toutes les audaces des perturbateurs de l'ordre, et exposés à voir les collèges électoraux envahis par les bandes révolutionnaires?

Il s'étonne aussi de ce que les élections ont donné un Congrès unanime. D'abord cette unanimité n'existe pas: le gouvernement a eu en face de lui des députés de l'union libérale, des néo-catholiques et une fraction respectable de dissidents conservateurs. Mais alors même qu'elle existerait, ce fait trouverait son explication naturelle dans l'abstention volontaire ou forcée de la plus grande partie des unionistes.

Ce qui ne peut s'expliquer ni ne s'expliquera jamais, si ce n'est par les prodiges de l'influence morale, c'est l'unanimité du Congrès convoqué en 1858 par le ministère O'Donnell, alors que tous les partis se présentèrent aux élections et luttèrent énergiquement contre les candidats du gouvernement.

Mais passons au grand acte du Cabinet Narvaez, au terrible duel qu'il soutint l'été dernier avec la révolution, et à la complète victoire qu'il remporta sur elle.

D'abord il convient de faire observer que ce duel ne le prit pas au dépourvu, comme il en fut, pour le maréchal O'Donnell, des insurrections de San Carlos de la Rapita, de Loja, d'Aranjuez et surtout de celle de Madrid du 22 Juin: tout au contraire, M. de Mazade l'avoue, il était au courant jour par jour de ce qui se tramait, et il attendait l'attaque l'épée à la main (40).

Il faut aussi teni compte des circonstances dans lesquelles la révolution se produisait. Nous l'avons déjà dit: au moment où le maréchal Narvaez se chargeait du pouvoir, le pays se trouvait dans un degré d'abattement dont il n'avait pas eu le temps encore de se relever.

Les classes pauvres vivaient dans une misère profonde;

des milliers d'artisans et de journaliers manquaient du strict
nécessaire pour vivre, et les populations appauvries par
l'union libérale éprouvaient un profond malaise qui pouvait
être habilement exploité.

C'étaient là de grands auxiliaires pour la révolntion, et
ce n'étaient pas les seuls; il y en avait d'autres plus directs
Les chefs jouissaient à l'étranger d'une certaine liberté
d'action. Ils passaient et repassaient la frontière sans obstacle
de la part des autorités françaises; ils disposaient d'armes,
de munitions et des fonds nécessaires pour mener à bonne
fin leur entreprise.

De son côté, le gouvernement était seul; il ne comptait
que sur ses propres forces et le secours de ses amis: les généraux vicalvaristes ne jugèrent pas opportun d'offrir leurs
services, comme en Juin 1866 les généraux modérés l'avaient
fait à O'Donnell.

Il ne se découragea pas pour cela: il attaqua résolûment
l'insurrection; en peu de jours il mit en déroute et dispersa
les bandes qui, comme par enchantement, s'étaient formées
dans l'Aragon, en Catalogne, dans la prevince de Valence
et jusqu'au cœur de la Péninsule; il éteignit, portout où
l avait éclaté, un incendie qui menaçait de tout dévorer.

A qui dut-on ce résultat? M. de Mazade analyse par-
faitement les causes que nous pourrions appeler négati-
ves (41); l'absence d'un drapeau proclamant d'une manière
claire et explicite la volonté et le but des révolutionnaires,
la discorde qui règne dans leurs rangs, l'ineptie et le discrédit de leurs chefs, l'absence inexplicable de Prim, le
plus distingué d'entre eux, et surtout la soif d'ordre et de
gouvernement existant dans le pays, la terreur qu'inspire
à tous les hommes sensés, même aux plus libéraux, une
insurrection populaire derrière laquelle on ne voit que le
chaos et la dissolution de tous les éléments qui constituent
notre organisation sociale et politique.

Tout cela est vrai, et M. de Mazade a eu raison de le
consigner: aucune révolution, aucun soulèvement, quelle
qu'en soit la nature, ne sauraient avoir de grandes chances
de succès dans un pays médiocrement civilisé. Mais pour
qu'une insurrection avorte, suffit-il de la laisser abandonnée à elle-même? Dans de pareilles circonstances, les gou-
vernements n'ont-ils rien à faire? Dans le cas dont nous

parlons, celui d'Espagne ne fit-il rien? Sa prévision ne lui fit-elle rien préparer, pour lutter avec avantage, dès les premiers jours de son entrée au pouvoir?

Ne soyons pas injustes, ne cherchons pas à mettre dans l'ombre la part qui revient au Cabinet Narvaez dans l'insuccès de la dernière insurrection, ne lui disputons pas son triomphe; il est incontestable qu'il dut celui-ci aux facultés exceptionnelles dont il s'était pourvu, à l'usage qu'il en fit pour annuler les éléments révolutionnaires, à la rapidité et à l'habileté des opérations militaires, et surtout à l'appui que lui prêta dans cette occasion l'opinion publique, et à la fidélité et à la discipline de l'armée rétablies comme par enchantement. Ce dernier détail mérite de fixer l'attention. Pas un officier, quelle que fût sa hiérarchie, pas un soldat ne deserta son drapeau pour s'unir aux révolutionnaires; le général Prim qui, un an auparavant, soulevait des régiments entiers, ne trouvait maintenant qu'un petit nombre de douaniers qui consentissent à le suivre. Pourquoi? M. de Mazade pourra se railler à son aise de la sévère et digne allocution adressée à l'armée, quelques mois auparavant, par le maréchal Narvaez: il pourra méconnaître les sentiments purement patriotiques et éloignés de tout esprit de parti, que ce document provoqua dans l'armée; il pourra, enfin, dénaturer les protestations d'adhésion par lesquelles elle fut accueillie de la part des officiers de tous grades, qualifiant celles-ci de *pronunciamiento* d'un nouveau genre, les comparant aux manifestations anglophobes des officiers français à propos de l'attentat d'Orsini et du droit d'asile octroyé par l'Angleterre à ses complices (42).

Rien ne pourra diminuer le mérite auquel a droit l'auteur de cette allocution ni l'importance de l'effet salutaire qu'elle produisit. L'autorité du maréchal Narvaez, dont le nom n'avait pas figuré dans les émeutes de caserne, comme celui du chef du vicalvarisme, contribua, il faut l'avouer, pour une large part, à cet excellent résultat.

Un fait, du reste, est patent et, quelle qu'en soit la cause, le Cabinet actuel a vaincu la révolution de l'été dernier.

On ne saurait nier que cette victoire ait coûté le moins de sang possible, et que le vainqueur a fait preuve de modération après le triomphe. Aucune cruauté, aucune rigueur *implacable,* aucune de ces fusillades en masse auxquelles voulait nous habituer le maréchal O'Donnell; et il n'était pas nécessaire de rétablir la discipline ébranlée de l'armée.

Tout au contraire: une amnistie octroyée dès le commencement de l'insurrection, amnistie prorogée plusieurs fois, même après la lutte, est venue sauver de la mort un grand nombre de malheureux, et a rendu les autres à leurs foyers et à leurs familles.

Qui pourrait ne pas applaudir à de pareils actes de clémence? Pour ce motif, bien plus que pour les mesures répressives employées auparavant, il est digne et juste de se réjouir de ce triomphe; pour ce motif, le gouvernement a bien mérité de l'humanité et de la patrie.

<h2 style="text-align:center">VIII.</h2>

Quatre mois se sont écoulés depuis les derniers jours d'août, époque à laquelle fut remportée la victoire sur l'insurrection démocratico-progressiste. L'état de siège est levé, tous les exilés sont rentrés dans leurs familles, à l'exception d'un petit nombre de chefs de parti, qui ne donnent aucun gage de leur volonté de vivre désormais sincèrement soumis au régime des lois en vigueur. Nul n'ignore qu'à la fin de l'année vont s'ouvrir en paix les Cortès du royaume: que les budgets vont être présentés immediatement, pour qu'ils puissent être amplement discutés avant le prochain exercice. Tout le monde sait que lés différents départements, notablement ceux de la guerre et de la marine, ont fait de notables réductions dans les dépenses. Le pays a sanctionné plusieurs fois et de la manière la plus significative l'approbation octroyée à la gestion du ministère Narvaez.

La facilité et la rapidité avec lesquelles s'est accomplie la perception anticipée des contributions directes; le résultat des élections répétées qui se sont vérifiées; les protestations et la conduite de l'armée; les votes du Parlement; l'attitude énergique des populations à la nouvelle de l'insurrection dernière; enfin la facilité avec laquelle a été couverte, bien au-delà de la somme demandée, la souscription aux billets hypothécaires et la confiance qu' portout renaît, malgré l'insuffisance de la récolte et les rigueurs de l'hiver que nous traversons, sont des témoignages irrécusables en faveur de la politique suivie par l'actuel gouvernement. Il est évident que cette politique est con orme aux vœux du pays, qu'élle est la seule qui pût être adoptée au moment de son avènement au pouvoir.

Sur quelles bases s'est donc fondé M. de Mazade pour déclarer mort par dissolution le parti modéré dont les principes sont représentés et appliqués dans le gouvernement par le ministère Narvaez? Quelle plus éloquente réplique peut recevoir le publiciste de la *Revue des Deux Mondes* que *la victoire sur toute la ligne* de l'ancienne politique modérée qui est le principe fondamental des actes du ministère actuel? A quoi se trouvent réduits les jugements, les calculs, les espérances peu dissimulées, les quasi-prophéties de M. de Mazade? Que penseront maintenaut les français qui ont ajouté foi à ses paroles?

Mais le duc de Tétuan est mort et cet incident rend plus facile la gestion du parti modéré. Nous ne voulons pas tenir compte de cette observation. Ce serait la même chose que regarder ce fait, comme la condamnation la plus amère que contre lui-même puisse prononcer un coupable, notre opinion invariable sur l'union libérale est qu'elle n'a jamais été qu'un ensemble d'audaces incohérentes réunies pour peu de temps dans l'orgueil d'un homme.

Le duc de Tétuan est mort et pour ce motif nous l'avons jugé avec moins de sévérité qu'il ne l'a mérité par ses actes comme homme d'Etat. Si le duc de Valence, pour suivre l'inspiration de sa générosité, ou par respect pour le pouvoir dont il est revêtu, a prononcé devant le cercueil d'O'Donnell des paroles de louanges et de regrets purement personnels, nous qui ne sommes ni ne voulons être ministres et qui appartenons à la classe obscure des écrivains sans ambition; nous qui, portés parfois vers le modérantisme, ne militons en réalité dans aucun parti, nous avons cru que nous devions dire toute la vérité avec indépendance, dès l'instant où notre but était de rectifier les assertions erronées d'un écrivain, dont l'influence sur l'opinion d'un grand pays et sur celle de l'Europe entière ne saurait être niée. Nous avons dit la vérité sur une politique qui, en fin de compte, se résumait en une personne ; pour cela nous avons dû par moments appeler les choses par leur nom. Il était important que quelqu'un eût enfin le courage de faire connaître de quelle façon les écrivains les plus distingués apprécient nos évolutions politiques et sociales.

L'occasion ne pouvait être plus opportune.

M. de Mazade, qui peut-être défend la conservation de l'empire ottoman, nous a représentés comme une nation parvenue au comble de la dissolution et de la décadence ; il a représenté l'union libérale et le maréchal O'Donnell comme l'unique ressource qui pût nous sauver. Est-il possible de ne pas protester contre une semblable hypothèse ?

Le maréchal O'Donnell est mort. Paix aux morts, soit, mais et les vivants ? Serait-il convenable de ne pas publier cette protestation ? Si O'Donnell était notre unique espérance, O'Donnell étant mort, que va devenir l'Espagne ? Nous posons cette question à M. de Mazade. Et si l'Espagne se sauve sans le maréchal O'Donnell, dites-nous, M. de Mazade, et vous tous aussi, Messieurs de la presse étrangère, que signifient, que supposent vos articles ? Est-ce de cette manière que doivent se traiter les grandes questions de la politique des pays qui vous sont étrangers ? Voudriez-vous que l'on appréciât de cette même manière celle de votre nation ? Vous proposeriez-vous par hasard d'abuser de l'influence que vous donne votre pouvoir national ?

Répondez-moi de bonne foi, si vous le pouvez.

L'Espagne résiste énergiquement à la révolution ; elle n'a pas besoin de ses convulsions pour marcher vers ses destinées providentielles par la voie de la civilisation moderne, et conserver en même temps tous les traits de son caractère et les traditions de son histoire.

L'Espagne, l'Espagne pauvre et délaissée, sauve son indépendance, son unité, son intégrité, sa religion, son antique dynastie, ses institutions, ses lois, ses mœurs primitives, sans avoir recours à l'aptitude du maréchal O'Donnell, sans l'intervention de l'union libérale, sans nécessité d'un tiers parti.

Nous ne savons si tout cela est conforme aux théories du

philosophisme français, mais cela est, et pour pulvériser, anéantir un argument, il n'est rien de comparable aux faits.

M. de Mazade pense-t-il qu'il ne lui conviendrait pas de réfléchir sérieusement pendant quelques instants sur un échec aussi remarquable, et modifier en partie ses espérances si mal fondées.

IX.

Nous avons fini cet aperçu rapide.

Nous admirons les Français; ils appartiennent à une grande nation; ils méritent le pouvoir et la gloire dont ils jouissent. Ils n'appartiennent pourtant pas moins à l'humanité. Ils sont hommes. Rien d'humain ne leur est étranger; ils sont sujets à erreur comme tous les hommes; ils se trompent quand il s'agit d'eux-mêmes et leur histoire des quatre-vingts dernières années en est une preuve.

Comment ne se tromperaient-ils pas quand il s'agit des autres nations? Une erreur à propos de l'Angleterre, une autre à propos de l'Espagne, une erreur à propos de la Russie, leur valut les catastrophes de 1814 et de 1815. Qui pourra dire que malgré cette terrible leçon, la source de telles erreurs ait disparu et cessé de couler. Et l'Italie? Et le Mexique? Et le Danemark, et l'Allemagne? Où sont aujourd'hui les résultats de la prise de Sébastopol?....

Que ces quelques pages servent du moins, s'il est possible, à faire réfléchir les écrivains français avant de prononcer un jugement sur ce qu'ils ne connaissent point, jugement que les évènements du jour suivant viennent démentir.

Nous avons pris l'article de M. de Mazade comme exemple et l'on peut voir quelle énergique réfutation les évènements ont faite à ses paroles. Si des journaux nous pouvions en venir aux lirves, notre réplique à d'autres affirmations serait encore plus victorieuse.

M. de Mazade a nié la vitalité de l'Espagne, et l'Espagne vit, se rétablit et marche.....

Id enim est sapientis prœvidere:
ex quo sapientia est appellata prudentia.

(CICERON).

Le ministère O'Donnell perdit les étiers, et après avoir annulé au moyen de deux lois les décrets sur le droit de réunion et d'association à peine mis en vigueur, après avoir inutilement tenté de former des budgets un peu acceptables, mettant une fois pour toutes de côté les voltes-face ridicules, les vaines complaisances et ces semblants de libéralisme qui le fatiguaient, il se présenta hardiment aux Cortès, pour solliciter une véritable dictature économique et politique.

Et ce même ministère avait toujours anathématisé les autorisations parlementaires; peu de mois auparavant il avait déclaré qu'il résoudrait par le criterium de la liberté toutes les questions de gouvernement!

Cuantum mutatus ab illo!

Mais pourquoi nous étonner? Est-ce que l'union libérale ne nous avait pas habitués à ces transformations, à ces rapides et fréquents changements de décors

La dictature demandée aux Cortès fut octroyée; mais auparavant il éclata dans Madrid, aux portes même du Palais, une nouvelle et terrible insurrection militaire.

Tout le monde s'y attendait, car les préparatifs se faisaient en quelque sorte publiquement; elle surprit cependant le maréchal O'Donnell tout comme l'avaient surpris les soulèvements d'Aranjuez, de Loja et de San Cárlos de la Rapita. Et quand tout le monde indiquait le lieu, le jour et presque l'heure où l'insurrection devait éclater, le maréchal O'Donnell, après avoir veillé toute la nuit, se mettait au lit, en disant sans doute en guise de prière: Grâces à Dieu, je puis dormir tranquille!

Le 22 juin 1866, à quatre heures du matin, le maréchal allait en effet prendre quelques heures de repos, et un quart d'heure après, le cri de révolte se faisait entendre. Commandée par des sergents, toute l'artillerie casernée à San Gil, assassinait ses officiers, ouvrait à la populace les portes du parc, confié à sa garde, mettant ainsi à sa disposition les armes et munitions de guerre de toute espèce, et se préparait sans doute à prendre d'assaut le Palais royal.

A qui dut-on, s'écrie ici M. de Mazade, à qui dut-on que ce soulèvement, victorieux dans le principe, se changeât bientôt pour les insurgés en une défaite sanglante?

A qui? répondrons-nous: d'abord, ce résultat, comme il l'assure, ne fut pas dû à la vigueur foudroyante de la défense dirigée par O'Donnell, qui, surpris par la nouvelle de l'insurrection dans les bras du sommeil, dut se revêtir de son uniforme, ceindre son épée, chausser ses bottes à l'écuyère, et ne put arriver à temps au lieu principal de l'attaque, mais bien à l'intrépidité et à la vigueur du maréchal Narvaez qui, plus prévoyant et mieux informé que le gouvernement, sachant avant lui ce qui se passait, se rendit immédiatement au Palais royal qu'il trouva à peu prés abandonné, n'ayant qu'une garde insignifiante, qu'il disposa de manière à pouvoir épier les mouvements de l'ennemi. Il plaça ensuite un canon de faible calibre, le seul qu'il pût se procurer, en face de la caserne de San Gil et attaqua les rebelles avec une vigueur et une habileté telles que, peu d'instants après, ceux-ci abandonnaient leurs positions, prenaient la fuite entraînant après eux de nombreuses pièces d'artillerie, et se dispersaient par les rues de los Reyes et Ancha de San Fernando. La famille royale était sauvée du danger imminent qu'elle venait de courir.

Le maréchal Narvaez voulut faire plus encore: il envoye à la caserne de la Montagne un aide de camp avec la mission de ramener une ou deux compagnies pour attaquer la caserne de San Gil et étouffer la rébellion dans son germe. Mais le colonel Chacon, qui commandait les forces casernées sur ce point, n'osa prendre la responsabilité de les démembrer par suite de l'État de démoralisation dans lequel elles se trouvaient, et Narvaez, malgré sa qualité de capitaine général de l'armée, mais privé ce jour-là de tout commandement, dut avec peine renoncer à ce projet.

Il resta néanmoins comme un simple soldat sur le champ de bataille, et il fut blessé au moment où il poussait une reconnaissance sur la place du Sénat. Cette blessure fut légère, à la vérité, comme le dit M. de Mazade, en voulant ôter à ce fait toute son importance; mais certainement il ne dépendit pas du maréchal Narvaez qu'elle fût ou non mortelle; il s'y exposa et c'était assez pour remplir son devoir.

Du reste, tous les généraux modérés de résidence dans la capitale offrirent, à son exemple, leurs services au ma-

NOTES.

—

(1) Dans le drame de «Ruy Blas» de Víctor Hugo.

(2) Dans un vaudeville intitulé: «Un voyage en Espagne.»

(3) «Le duc de l'Apuntador» figure dans un opéra comique intitulé: «La Fanchonnette; Giralda et Xacarilla» servent de titres à deux opéras comiques assez connus.

(4) Ainsi l'a dit dans un livre Théophile Gauthier.

(5) Alexandre Dumas l'assure dans ses «lettres sur l'Espagne et l'Afrique.»

(6) «Histoire générale de la civilisation en Europe depuis la chûte de l'empire Ottoman jusqu' à la révolution française.»

(7) «Histoire du Consulat et de l'Empire.»

(8) «Défense de la marine Espagnole.»

Toutes les autres notes sont des assertions émises par M. de Mazade dans l'article que nous réfutons.

40